# Dzień zraniony

# LESZEK ZIELIŃSKI

# DZIEŃ ZRANIONY

*Słowo wstępne*
*Edward Dusza*

*Na okładce reprodukcja*
*akwareli L. Wiecheckiego*

**BIBLIOTEKA "CONTRY" TOM X**

**A. PORAY BOOK PUBLISHING — NEW YORK 1982**

*TEGOŻ AUTORA:*
"*Ogień i lęk*" — *A. Poray Book Publishing, New York, 1981.*
*(Tom wyróżniony nagrodą literacką Towarzystwa Krzewienia*
*Nadziei, Chicago, 1981) = (wyczerpane)*

*Printed in USA.*

# SPIS WIERSZY

# SŁOWO WSTĘPNE

*"Zostanie kamień z napisem.*
*Tu leży taki a taki.*
*Każdy z nas jest Odysem,*
*co wraca do swojej Itaki".*
**Leopold Staff**

*"Nie wolno ci nigdy zapomnieć o Itace,*
*dotarcie do niej bowiem jest twoim przeznaczeniem..."*
*"I choćbyś ujrzał, że jest biedna —*
*nie oszukała cię Itaka..."*
**Kawafis**

*Mottem Kawafisa o Itace rozpoczęła Róża Nowotarska swoje tragiczne opowiadanie pt. "Siostra Wiśka". Wydawać by się mogło, że nie ma żadnej łączności pomiędzy twórczością poetycką Leszka Zielińskiego, a prozą wspomnianej pisarki. Jednakże zarówno w jednym jak i w drugim dziele literackim przejawia się ten sam motyw, który tutaj pragnę uwypuklić.*

*A motyw ten zanotujemy również w innych utworach powstałych na emigracji. Przewija on się w strofach wierszy poetów-emigrantów, znajdziemy go w książkach, rozprawach literackich, a nawet w pracach naukowych. Pisarze emigracyjni, jak ongiś mityczny Odys, wracają do swojej Itaki.*

*Czy rzeczywiście wracają? Może tak, jeżeli za powrót uznamy sporadyczny druk w kraju, obecność w indeksie nazwisk przy dziełach naukowych czy skromne figurowanie w antologiach. Pisarze emigracyjni stojący przed pustą widownią nie rozporządzają pismem literackim, w którym by mogli swobodnie drukować, odgrodzeni od czytelnika w Kraju, starają się poprzez wydanie książek zadokumentować swoją obecność na ziemi. I w tej paradoksalnej sytuacji znajduje się Leszek Zieliński.*

*Nie ma on tych samych możliwości, co jego starsi koledzy. Nie należy do żadnych koterii literackich, tworzy z daleka od ośrodków polonijnych.*

*Przecież nie tak jeszcze dawno emigracja posiadała dwa pisma literackie: "Oficynę Poetów" i "Wiadomości", a i Chicago było ośrodkiem, gdzie pisarze emigracyjni mogli przeprowadzać dyskusje czy organizować spotkania z czytelnikami. Do niedawna istniały pewne inicjatywy wydawnicze, jak np. podjęcie opracowania antologii poezji amerykańskiej pod kierownictwem Pawła Mayewskiego, w którym to przedsięwzięciu brali udział czołowi polscy poeci przebywający poza krajem, od Czesława Miłosza począwszy a na Zbigniewie Chałko skończywszy.*

*Rozwój twórczości Zielińskiego przypada na bardzo zły okres. Praktycznie pisarze emigracyjni, a już szczególnie poeci, nie mają wielkich szans na publikacje w kurczącej się prasie emigracyjnej, a po umilknięciu Alicji Lisieckiej, jedynego odpowiedzialnego i bezstronnego krytyka emigracyjnego, pozbawieni są jakichkolwiek drogowskazów. Nie wiem kogo obwiniać za ten stan rzeczy, który, jak ktoś może słusznie zauważyć, nie jest zjawiskiem nowym. Wiadomo, że na emigracji nie ma mecenasów. Wielcy pisarze znajdowali się i znajdują się w sytuacjach często dramatycznych. Owszem, jesteśmy z nich dumni, kiedy dowiadujemy się o sukcesach, które odnieśli. W przypadku Czesława Miłosza, laureata Nagrody Nobla, poczuwamy się nawet do dumy, choć nie mamy do niej najmniejszego prawa, ponieważ przed jego wyróżnieniem przez Szwedzką Akademię, odnosiliśmy się do niego obojętnie, a nawet wrogo. Książki jego nie były poszukiwane na rynku, czego przykładem może być fakt, że maleńki nakład II wydania "Doliny Issy" i "Wiersze" opublikowane przez Oficynę Poetów i Malarzy w Londynie, rozchodziły się przez kilka długich lat. Wiadomo, że dzisiaj "on ci nasz", bo część splendoru jego sukcesu spływa i na nas. To samo jest w przypadku Wacława Iwaniuka, poety niezwykle ambitnego, który zdobywa sobie wysoką rangę w poezji kanadyjskiej. Trudno nie wspomnieć Ojca św., Jana Pawła II. Bardzo to było tragikomiczne, kiedy po wyborze Karola kardynała Wojtyły na tron papieski, zwołane ad hoc towarzystwa miłośników poezji, przyznawały Papieżowi wyróżnienia za twórczość zupełnie jurorom nieznaną. W tym samym czasie najwybitniejszy krytyk emigracyjny, dr Alicja Lisiecka, nie miała gdzie zamieszczać swoich prac krytycznych.*

*Sytuacji tej nie należy się dziwić, bo każdy sukces prawdziwy ma nie tylko wielu ojców, ale i przyciąga tych, którzy chcą podreperować swoją godność w jego blaskach. Fakt, że sukces ten zrodził się z trudu osamotnionych ludzi, nie jest z reguły uwzględniany przez ogół.*

*Leszek Zieliński na pewno zdaje sobie sprawę ze swego wyboru. Każdy twórca jest niezwykle samotny, a dzieło, które tworzy, będzie jedynie wynikiem jego własnych przeżyć. To, czy potrafimy, jako odbiorcy, zaakceptować je, czy przeżyć w podobny poecie sposób, stanowić będzie o sukcesie autora. Zazwyczaj jednak sukcesy te są niezwykle rzadkie. Dlaczego Leszek Zieliński pisze wiersze na emigracji? Może trzeba postawić tutaj sprawę jasno. Są ludzie, którzy pragną swoimi doznaniami podzielić się ze swoimi bliźnimi, chcą utrwalić własne stany emocjonalne, marzenia, sny i przekazać ich barwę innym. To, czy ich zamiary spełnią się, świadczyć będzie o mierze sukcesu. Zazwyczaj jednak, zwłaszcza w warunkach emigracyjnych, poetę czeka klęska, wyrażająca się zupełną obojętnością odbiorcy. Poetom pozostaje jedynie nadzieja, że choć poezja umiera na emigracji, to zmartwychwstanie wśród tych, dla których poezja była głównie przeznaczona — odżyje wśród czytelników w kraju. Czy Leszek Zieliński będzie kontynuował swój marsz wytyczony wcześniej przez poetów-wygnańców? Sądzę, że tak. Utwory jego pełne są pasji, w jego strofach przewija się pragnienie odnotowania swojej bytności na ziemi, czy wreszcie szukania odpowiedzi na nurtujące go pytania dotyczące sensu naszego istnienia i przemijania na tej planecie zwanej Ziemią. Pragnie on znaleźć swoje miejsce w tym świecie, a wrażenia z tych poszukiwań zapisuje w swoich wierszach. Jego zwątpienia i rozterki były kiedyś doznaniami tych poetów, którzy odeszli i rozsypali się w proch, jakże często na obcej ziemi, a którzy nie znaleźli odpowiedzi na swoje pytania. Czy Zieliński je znajdzie? Pewnie nie, ale najważniejsze jest to, że zapytuje siebie i nas o istotę naszego człowieczeństwa, dokumentuje te poszukiwania w poetyckim zapisie i szuka drogi powrotu do rodzimej Itaki.*

*Edward Dusza*

# ZADUDNIŁY ZNÓW BRUKI

a tam już brak nieba
wystali w kolejkach wszystko
i przegrali to czekanie —
choć było tak gorąco
aż się słowa spalały od słów

a tam już brak życia
zakrwawiła ziemia
i taki padł strach
że już nie było się czego bać
(pamiętasz?
— słowo było jak słowo
i serce biło jak serce...)

zadudniły znów bruki

marzec 1982

\*\*\*

*ci pojednani ze śmiercią odchodzą najczęściej*
*nie widzą nie mówią*
*przytulają się w ciemność*

*jaki kolor ma cisza nim potrąci ją wiatr*
*tak pytają przelotnie*
*kto się z życia obnarza nim pokona go czas*

*ci pojednani ze śmiercią tulą się najdłużej*
*kiedy milczy im ziemia*

*niech się modlą za nich kwiaty*
*nim pogrzebie ich pamięć*
*nim dopali ich szept*

*zamykają ich drzwi*
*tym trzaskiem co jak niewdzięczność*
*uderza w krzyk*
*czas odejść*
*czas zgasić pochodnie*

# ZIEMIO, OJCZYZNO

*Ziemio nie moja, która otwierasz światło*
*— czemu mnie bolisz?*

*O, ziemio rodzinna, z piersi matki wyssana*
*jak życie w uśmiechu*

*W tobie tyle nadziei — krwi pokoleń i wieków*
*że nie starcza pamięci.*

*Ziemio nie moja, ojczyzno,*
*która nosisz znamiona zwycięstwa*
*czemu milczysz swym synom?*

*Czemu gubisz ich*
*innym oddając narodom — ziemio nie moja, ojczyzno?...*

*Kto mnie przeklął, spotwarzył*
*kto wymazał z istnienia*
*Kratą czarną, więzienną*
*zamknął honor sztandaru?*

*Kto rozjątrzył, rozgniewał*
*krzykiem z mogił cmentarnych*
*Zamknął drogę do ciebie*
*zamurował mi bramy*

*Winnych szukać nie trzeba*
*są straceni wśród siebie*
*Niebo zgasi im światło*
*powypala sumienia.*

*Nie odwróci się od nas*
*pamięć wpisana w kamienie*
*Będzie wołać wciąż głośniej i głośniej*
*coraz głębsze, wierniejsze wspomnienie*
*aż obudzi ten krzyk, co jak jazgot*
*skruszy nam ścianę milczenia*

*Ziemio, nie moja miłości, — w ciebie płaczę tęsknotą*
*a Ty dumą potężna*

*Ja, wyznawca twej wiary staję przed twym sumieniem*
*z ręką pustą od żalu*

*Ziemio nie moja, ojczyzno...*

# ODERWAŁA SIĘ SKAŁA

z podniebnych witraży oderwała się skała
o grzmot i o halny zaczepiona chwilą
pędzi w dół przeznaczenia

żegnaj, góro rodzinna
zapamiętana w czasie
trąć mi w biegu rozhuśtane życie
jak kamieniem uderz
jak gromem

oderwała się skała od powierzchni pejzaży
żal żegnać znikający punkt
żal gasić pamięć

pękła struna
i boli sumienie

## MIASTO

jak przypadki mijam
ciężkie oddechy domów

zgaduję zakręty
światła niedomówień codzienne

uginam ramiona
mam krzyk i przekleństwo w oczach

łamie mnie czas
po ciebie na próżno bez serca

wieżowce trwożnie głaszczą niebo
w uszach jęczy zdziwione pytanie: który to dzień

zanurzam kroki
i idę ślepo w nadzieję

w miasto

# ZAMACH

kraj rzucony na kolana
drży jak ćma u świateł
lęk wypłoszył nadzieje
pokaleczył nam słowa
w bramie stanął krzyż

siostra nocami ociera łzy
dzieciom rozdziela chleb
nie widzisz nienawiści
za którą stoi twarz
ty — jesteś za oceanem

z ulic nie zmyto krwi
plakat za drutem kolczastym
otwiera im oczy strach
podnoszą się z przerażenia
jak pięść rozwinięta w gniew

karabin szczęknął złowrogo
drzwi runęły od kolb
jeszcze jedna ponura noc
zimny u krtani nóż
słowa zakuto w kajdany
naród wepchnięto w lęk

## PRZED NAMI DROGA

przedtem byłem na zewnątrz, wiesz,
jak ołtarz
modlił się w nas Chrystus
uparcie — ty wiesz — uparcie
z kolan modlitwą
a kanon w organach cichł
trzymałaś mnie za serce

przedtem byłem obok
i witraże tańczyły w przyrzeczeniach
mówiłaś —
cisza jest jak ogień w uścisku
boli i przypomina
drogę przed nami

# POEZJA

*mówiła pomiędzy zdaniami*
*słuchałem*
*kładła słowa niewinnie*
*że widać było okna rozwarte na świat*
*z którego wyjść było coraz trudniej*
*i trudniej*
*każdego dnia uginał się krajobraz*
*ten zapamiętany*
*a ja słuchałem*

*pamięta ją las i ziemia*
*był czas co się wrył w drzewa*
*i we mnie gdy wygasały ręce*

*mówiła na wiatr*
*zawsze pomiędzy wiersze kładła*
*białe nadzieje*
*i kwitła we mnie coraz głębiej*
*i głębiej*
*jak pamięć którą się pamięta*

# SYLVIA PLATH

*nie była jeszcze pochodnią*
*odurzała ją chwila*
*ukrywała wciąż w sobie*
*drogę daleką*
*do śmierci*

*tak dźwięczą mi te wiersze*
*jak znajomy głos z wewnątrz*
*krew co zakrzepła w słowach*
*nie dowierzam tym jękom*
*z których ona wygasła*
*mając szansę na wymarcie*

*strąca czas z zegara*
*chybocze gałęzią*
*dwie róże przed burzą*
*i gaz*

*nie przenika jej wiatr*
*rzeka ciemna ciemniejsza*
*dwa tańce śmiertelne*
*i krzyk*

*patrzę w jej fotografię*
*wiem że za szybko żyłem*
*wiem dlaczego umrę*
*gdy się skończy ten wiersz*
*będzie znowu październik*
*deszcz się będzie wyśmiewał*
*z moich melancholii*
*powikłanych przypadkiem*
*jak cmentarz od którego uciekam*

# POTRAFISZ DOTKNĄĆ NIEBA

więc już potrafisz dotknąć nieba
rozdzielić ziemi smak i zapach
stanąć umiesz naprzeciw wiatru
wtulić się w szelest w śpiew
więc potrafisz iść w zamkniętą ciemność
gdy droga dalsza trudniejsza
a cel jak mgła gęsty niepewny
dotykiem ptaka wśród obłoków

    lecz gdy spytają w biegu przechodnie
    gdzie dom gdzie koniec włóczęgi
    jak pachną drzewa w białym ogrodzie
    powiesz — po drodze mi zgasły pochodnie
    w domu mieszkają obcy ludzie
    a ogród wycięto w mur wielkich bloków

i choć potrafisz dotknąć nieba
słońce przygasić zamroczyć wieczór
choć dłoniom ciepło umiesz już nadać
i patrzeć umiesz w blednące miasta
nie zdołasz jednak odwrócić życia
stanąć przed domem dziecięcych marzeń
matce w twarz spojrzeć i szepnąć: wracam...

# ŻYCIE

wiatr się spłoszył ze mnie jak burza o świcie
gniewnie śpiewały mi chmury
odchodziłem z siebie w pośpiechu
jeszcze nad horyzontem kładły się słowa
w przygaszonych półcieniach

dopalał się mój śpiew
muzyką Mazowsza głośniejszą od echa
co drżała zgubiona wśród nieba
gdy patrzyłem w ciemność
a moje życie odchodziło — dlaczego?...

# NIE WRÓŻĄ IM ZIEMI

Nie wróżą im ziemi
cmentarz zbesztany
krzyż się powalił od czasu
nad Wisłą pogasły lilie

Nie niosą im słów
chorągwie w pół zwiędłe
drzewce się kruszą od płaczu
pieśń cichnie okrutnie — w noc...

      nie patrzą dłużej
      horyzont za ciasny na wiersz
      hymn w ustach się waha
      otwiera się grób narodowy
      spuszczono sztandary
      powietrze spalone przekleństwem
      nie patrzą dłużej
      odpływa ojczyzna w czarnej pelerynie
      brama więzienna — znów kraty...
      a latem mieli powracać...

Prowadzą karawan śmiertelny
koła pękają w rozpaczy
nie ma ucieczki od cieni
w ołtarzu szumią modlitwy

Od morza ich niosą
w pokrwawionych sztandarach
przed pokoleniem straconych —
im nie wróżą ojczyzny

# Z BLISKA

*sam się zesłałem w noc tym wyrokiem*
*mam zakaz odbywania podróży do pamięci*
*wbudowałem się w swoje więzienia*
*słowem zakazanym przekleństwem*
*patrzę w lustro zmarszczki przecieram*
*prawda z ironią śmieje się z mych wyrachowań*
*stałem się cenzorem własnych myśli*
*o których boję się myśleć także w nocy*
*kiedyś zacząłem oczyszczać sny*
*z podejrzanych znaczeń zacząłem ulegać*
*giąć się rugując nawet przypuszczenia*
*wreszcie zacząłem się podejrzewać*
*o wrogość i konspirację*
*zadenuncjowałem swą antyludzkość*
*ujawniłem kompromitujące materiały*
*zdradziłem wszystkie prywatne poglądy*
*i wszcząłem dochodzenie przeciwko*
*własnemu sumieniu oskarżając go o zdradę ideałów*
*brak było jednak dowodów winy*
*zacząłem śledzić swe poczynania*
*w każdym spojrzeniu usadowiłem szpiega*
*elektronicznie prowadziłem ewidencję*
*aż nadszedł ów czas gdy postawiłem się*
*w stan oskarżenia — to był dzień sukcesu*
*wyrok bowiem zapadł jednogłośnie*
*(obrona gubiła się w wątkach)*
*stanąłem przed plutonem egzekucyjnym*
*który strzelił mi w samo serce*
*z bliska...*

# SCHODZĘ W CIENIE

dziś stoję zaplątany w ulicy
patrzę w światła mijania
zaciskam się w gniew
noce zapalam rzucam gwiazdy na szczęście
schodzę z drogi przechodniom
zapominam swą pamięć
kto mnie niebu przyrówna kto drogę pokaże
drogę pełną powrotów

tak dogasa mi życie tli się czasem wspomnieniem
ot czasami coś zadrży pęknie i skona
ręce kurczą się w sobie dręczą jeszcze pytania
nie odpowiem — może czas odplącze to życie

schodzę w cienie a tu ciemno i ciemniej
ciszy się boję nie słyszę a tu głośno i głośniej
palce ranię o skronie a tu dalej i dalej
gdzie i kiedy ten koniec?

pogasiłem już świece
ołtarz tli się modlitwą
zamykam się bez ofiar
zamykam bez cierpienia
krzyże we mnie
cierniowe składają pokłony
ran Chrystusa nie czuję na codzień
coraz mniej słów w pacierzu
zamknięte kaplice życie rozwiane jak jesień
a może za mało tu było nieba

# NIE STARCZYŁO CZASU

nasze niebo wygasło
wycierpiały nas słowa
lecz jeszcze się dzień nie domknął
tak trudno mi z ciebie się zgasić
a czas mnie wymiótł
wypłoszył
nie starczyło go nawet wspomnieniom
małe są rzeczy od których stronię
jak przestrzeń w której się chowam
skromne są miasta od których uciekam

czuję się nagi bez tętna
nie oddycha we mnie wiatr
stoję bez siebie jak milczenie
w które się otulam
nie dowierzam oczom
wyciągniętym na odległość ręki
sumienie nie warte spojrzenia
nim odejdę
schowam się w ostatnie słowo
nikt nie wysłucha szeptu pętli

nie starczyło nam czasu
na taniec szalony
i trzeba się było zapomnieć
oddalił nas on zagubił
nie było dla nas miejsca na ziemi
poplątały się życia
tobie śmieje się córka
ze mną płaczą jesienie
za głęboka ta ciemność
i nie będzie już nieba
nie starczyło nam czasu
na ten taniec szalony

# ZŁODZIEJ

*światło róży zabiorę*
*noc wydłużę w ciemność*
*płatki zerwę z czerwieni*
*lecz czy straci swą piękność?*

*Zapach róży ukradnę*
*z kolców z liści obnażę*
*niewinności pozbawię*
*lecz czy twarz mi pokaże?*

*potem będę się wdzięczył*
*złościł ją i pieścił*
*ułożę wśród zasuszeń*
*patrzył w nią będę wielbił*
*będę odchodził powracał*
*każdym dniem i nocę*
*z istnienia ją będę okradał*

# GDYBYŚ...

gdybyś to była ty
tam
z jego pieszczot wydarta
i z domysłów

gdybyś to była ty
tam
wśród krzyku i odrzuceń
jak nieporozumienie
wyobraźni

gdybyś to była ty
tam
to przypuszczam
że szukałbym ciebie
gdzie indziej

# KOLĘDA

*"Przybieżeli do Betlejem pasterze..."*

*noc się kołysze bielą śniegu*
*świerki się chylą zimowym płaczem*
*dzwonią dzwoneczki w końskim zaprzęgu*
*wiatr się znów plącze w kroku tułaczym*

*choinka w oknie jaskrawo się mieni*
*kolęda więdnie za czasu zakrętem*
*moja droga prowadzi alejami cieni*
*do tych których serce jeszcze pamięta*

*grosz chowany na szczęście rzucam znów za siebie*
*na wciąż żywe nadzieje w lesie wyobraźni*
*żółtą wstążkę zawieszę na wyschniętym niebie*
*jeszcze w drzwi zapukam — może będzie raźniej...*

*za stołem miejsce zbłąkanym podróżnym*
*nietknięty opłatek nasiąkł życzeniami*
*tyle jesteśmy świąt tych sobie dłużni*
*słów — których wyrwać nie można z krtani*

# OJCZYZNA

*ziemia spalona od słów i od złudzeń*
*w potwarzy*
*przez lata trudem i krwią*
*szła w nadziei jaśminów*

*my z nią i dla niej*
*świadomie i z konieczności*
*wybór bez wyboru i hymn ten sam*
*gotował w nas krew*

*krnąbrne dzieci ojczyzny*
*budujemy własne wizje*
*pięścią i krzykiem*
*po ziemi w zielonych pożogach*

*z nas i po nas*
*nie wymazać pamięci*
*rany zaschłe*
*od pałek od kul*
*nie wymazać pamięci*
*N I E   W Y M A Z A Ć...*
*z ziemi spalonej w nadziei*

# OCZY

*patrzą się oczy nie widzą*
*za nimi otwiera się świat*
*ulica słowom się kłania*
*ręce się gubią wśród rąk*
*siedzimy obok siebie — daleko*
*do rozmów dalej do łąk*
*gubimy tę ciszę od wewnątrz*
*jak krzyk odzywa się serce*
*nim usłyszysz — zgaśnie*
*a gdy z nas zerwie się czas*
*trzeba odejść nie patrząc za siebie*
*od siebie się tracić — od siebie*
*i staniesz pod ścianą jak lęk*
*co się spóźnił i zbłądził*
*i wtedy zamkniesz się w oczy*

## LIŚCIE DĘBOWE

*na uboczu stoją*
*dęby bez skrzydeł*
*ty się bawisz w tęsknoty*
*ciemne żołędzie jak cienie*
*pieścisz w dłoniach*
*i jak miłość suszysz w pamięci*
*pierwsze naręcza rozczarowań*
*rosną wiarą przywidzeń*
*sam się stajesz wspomnieniem*
*zapominasz na chwilę*
*ciepło liści dębowych*

# PO DRUGIEJ STRONIE CIENI

*po drugiej stronie cieni*
*jest rzeka bajeczna jak tęcza*
*i pieśń utulona w symbolach*
*tam roześmiane mam drzewa*
*lecz drzwi zatrzaśnięte dla świata*
*po drugiej stronie cieni*
*gdzie więdnie niedoczekanie*
*i chłód przebiega po kościach*
*jest dzień zraniony rozkazem*
*tam życie się skraca w kolejkach*
*i chleb ma smak pomarańczy*
*tam spala się mój październik*
*po drugiej stronie zwątpienia*

# WSPOMNIENIA

pobiegnę w kasztanowe wspomnienia
do lat tak niewielu
skąd tylko o krok były wyspy szczęśliwe
maj się z czerwcem słaniał w tańcu
i patrzyły na nas oczy świata
wejdę w zadymione kawiarnie
gdzie się ręce łączyły lirycznie
jak czerwone wino w lampce romansu
biała pamięć coraz bielsza
z cieni się rozkłada ze spojrzeń
ponad ścianą okna niedowierzań
tu się strącał czas naszych pojednań
serca gasły na lata na wieki
siądę z ciszą sam na sam
poodkreślam przetrwania
zdarzeń niezdarzeń — treści nietreści
zblednie we mnie świadomość przemijając z oddaleń

pobiegnę w kasztanowe wspomnienia
gdzie się ziemia odmawia z milczenia
stanę w cieniu kamienic
poodnawiam czas przeszły
gdzie się kurz życiem pisał
nocą grudnia i stycznia
skąd do szaleństw był start
do przywidzeń do złudzeń
tu usiądę po cieniem pod czasem
przygarbiony podróżą jak słońcem
zbłądzę w swoją niepewność
oto jestem i oto mnie nie ma
jakby świat z tamtej strony
zatrzasnął się w niedotykalność
nie gubię się chociaż błądzę
z siebie na zewnątrz ta sama droga
być tam nie być — w wątpliwość poddaję...
dom się zamyśla nad moim powrotem
z okien wyszły mnie witać
blade zmęczone wspomnienia

# MIŁOŚĆ

*ciemna samotna miłość*
*brana otchłanią w objęcia*
*nocnym spacerem*
*rannym westchnieniem*
*oddechem chabrów i słoneczników*

*głęboka jest miłość*
*samotnym drzewem*
*pod nagięciem wiatru*
*w deszczu i w burzy*
*ukołysaniem*
*wołaniem naszym o wzięcie*

*miłość jest głucha*
*jak spamiętana poezja*
*miłość jest miejscem*
*w które powracasz*
*myślą marzeniem*
*po tylu tęsknotach*
*po miłość samotność*

# ZAPROŚ MNIE NA WIECZÓR

*Zaproś mnie na wieczór hałaśliwy...*
*Skąd u ciebie tyle kwiatów?*
*Miałaś ręce z kamienia,*
*a serce pachniało jak skała —*
*więc czemu się dziś zielenisz?*
*Popijasz kawę, przez oczy się śmiejesz*
*i mówisz, że czas mnie postarzał.*

*Zaproś mnie na wieczór...*
*Usiądziemy nad własnym zamyśleniem*
*rozgrzebiemy jesień,*
*w ogniu ogrzejemy pamięć...*
*Skąd u ciebie tyle ciepła?*
*— miałaś zimne słońce.*

*Zaproś mnie...*
*Noc nas zaskoczy, zapuka świtem.*
*Będziemy się kochać, gdy skończy się wino,*
*gdy skończy się miłość będziemy się kochać*
*pomiędzy słowa wpleciemy ręce...*
*Skąd u ciebie tyle pieszczot?*

*Zaproś mnie na wieczór hałaśliwy!...*

# POŻEGNANIA

Pójdziemy do kina
   oglądać księżyce
      trzymać ciemność wśród rąk
      patrzeć w cudze życie

Usiądziemy znów w parku
   przelotnie zakochani
      dotykać będziemy ptaków
      sobą zasłuchani

Zatrzymamy krzyk miast
   bezszelestnie bezgłośnie
      opowiemy przechodniom
      o życiu nieznośnym

Przepijemy do siebie
   koniakiem szampanem
      zapomnimy o światłach
      przygaszonych nad ranem

Rozstaniemy się w dłoniach
   zapomnianym uśmiechem
      rozłożymy codzienność
      pożegnalnym oddechem

# PAMIĘCI OJCA

*gdybym rozebrał cię z mojej pamięci*
*z ziemi wydobył tęsknej*
*wśród cieni posadził dumnych*
*i wpatrzył się w twoje życie*

*gdybym ujrzał cię raz jeszcze*
*płynącego po niebie*
*topniejącego w słońcu z ikarowych skrzydeł*
*i zamyślił się nad twoją twarzą*

*gdybym cię posiał wśród moich zapamiętań*
*ciepłem rozgrzanych węgli*
*zimą mroźną śnieżną*
*i wtulił cię pomiędzy dłonie*

*i jeszcze gdybym mógł cię rozbarwić*
*na życie któremu zabrakłeś*
*i zagasłeś bez przyczyny*
*to ubrałbym ciebie w moje tęsknoty*

*na wszystkich ścianach świata*
*i w oknach mojego nieba*
*wypatrywałbym twojego uśmiechu*
*gdybyś tylko się odtworzył*

*na kamieniu siedlibyśmy chłodnym*
*jak ten czas co nie odtajał*
*ty byś mi opowiedział o swoich podróżach*
*jak bym ci wiersz mój zaśpiewał —*
*a kamień by się pod nami stopił*
*trochę od cierpienia i trochę od żalu*
*a może od łzy zamienionej w grób*
*i później... niech by zgasły w nas serca!...*

# W MOIM TŁUMIE

W moim tłumie już bez twego cienia
stwarzam światło
W drzwiach zamykam ciepłą przestrzeń
lecz — brak mi oddechu
Nie dam ci wstąpić w groźne niebo
bez piorunochronu
W moich oczach ciemnieją twe ręce
jakby zapomniane w ciszy

Tobie łatwo się zgubić w słowach
jeszcze masz w niebie łzy nieobeschłe
które pytają się Boga
Tobie stanąć w drzwiach bez lęku
gdy serce pęka — masz siebie
na powstrzymanie życia
lecz pytasz Boga — o sens

W moim tłumie jeszcze jesień
pełna oczekiwań
Z deszczem spływa dotyk czasu
po nas został zmrok
W moim tłumie już bez twoich cieni
zapalam codzienność

## NIE BYŁO CIENIA

nie płoszysz mi czasu
    przychodzisz w dźwiękach
    w niebo się rozpływasz
gdy wyciągam ręce

łamiesz mi słowa
    gdy jeszcze mówię
    razi mnie spokój
w który się zamykasz

później spalasz się w tęczy
    ślad — nie było śladu
    cień — nie było cienia
więc zakrywam oczy

# WIZYTA

Roztargniona bledniesz w drzwiach
chustka skłania się w powiew
    modrzew nie zwiędnie latem
    jodłom się nie pokłoni

Rozwieszona w uśmiechu płaczesz
składasz swetr w zagięciu fotelu
    nie ochroni cię ziemia
    nie dogoni czas

Rozpoczęta nocą rozmowa trwa
jak serce pomiędzy dłońmi
    dotyk nie czuje dotyku
    ciepło w cieple zastyga

Rozbawiona tańczysz w sobie
rozebrane masz myśli i wierzysz
    niebo nieba nie zgasi
    usta ustom nie zwiedną

# STANIE CIEMNOŚĆ

*czy się jeszcze pochylę nad drogą*
*i pokłonię się wierzbom Mazowsza*
*czy się zatrę jak kamień czekaniem*
*i czy cień swój złożę nad ziemią*

*czy się jeszcze zamyślę nad dźwiękiem*
*i poskarżę się matce wieczorem*
*czy zabłądzę jak kiedyś w olszynach*
*czy mi bramę otworzą i kiedy*
*i czy witać mnie będą na dworcu*
*nawet gdyby się spóźnił mój pociąg*
*czy w kościele uklęknę pokornie*
*i do Boga przemówię modlitwą*
*jakie będą mnie drzewa kołysać*
*czy nazbiera ktoś chabrów na polu*

*jeszcze raz, raz jeden przed nocą*
*niech mi pamięć odkurzą z ulicy*
*niech odświeżą lichtarze od złoceń*
*i karawan zawrócą z pół-drogi*
*niech się konie nie spieszą do biegu*
*i niech cisza nie dwoi mi lęku*
*jeszcze świece w płomieniach dopalę*
*i rozmodlę się w pacierz w litanię*

*stanie ciemność u drzwi i zawoła*
*i karawan wyruszy spod bramy*
*zimny cmentarz obejmie mi życie*
*zamknę okna i w noc się zabłąkam*

# SPALI CIĘ PŁOMIEŃ

drzewa stały w zamyśleniu nie wiedząc
światło toczyło się pośród gałęzi
jak cienie pomiędzy cieniami
na spowiedzi — a ty
niedokończona niedotańczona —
i słuchało cię niebo
w sobie zamykałaś swoje przerażenia
za tobą wślizgiwał się świat wyobrażeń
    nie patrzyłem nie widziałem
    mnie... nie było!

ciepła miałaś w ustach tyle ile pocałunków
dla wykarmienia świata
piszę o tobie w czasie przeszłym
chociaż będziesz zaledwie na odległość
będziesz kładła oczy pomiędzy szept
jak w księżyc chowając wargi
zapali ci się serce — jestem pewien —
zanim zgaśniesz — spali cię płomień
    a ja nie będę patrzył nie będę wiedział
    mnie — widzisz — nie będzie!...

# POWRÓT

Do jakiej dziś zapukam bramy
powracając z dalekiej włóczęgi
kto mi w drzwiach zapali latarnię
kto się z czasu odwoła pytaniem

Nie powinna tak boleć wciąż pamięć
drzwi trzaśniętych tuż przed odjazdem
nie mam serca nikogo nie wołam
suszę łzę zamkniętą w potrzasku

Pozostało mnie w bólu i żalu
na lat wiele wypłakanych różańcem
każda chwila wysupłana z przekleństwa
rozpołowia mi życie na dwoje

Coraz trudniej zapukać do okien
wejść w pokoje otworzyć ramiona
z nieba zdjąć zapomniane podróże
i powiedzieć wam wreszcie: powracam!

# ZGASZĘ ŚWIATŁO

*Jestem zmęczony,*
*kręci mi się wyobraźnia, miesza świat;*
*ręce się plączą wieczorną myślą,*
*z gniewem spoglądam za siebie*
*i idę w drugi kąt...*
*Lustra się mienią we własnych odbiciach,*
*krzywe zwierciadła, krzywe zwierciadła,*
*pęka mi linia, łamie się kształt,*
*oczy bieleją od spojrzeń.*
*Jestem zmęczony,*
*miastem skłamanym wśród ulic,*
*gdzie domy się duszą za gardła,*
*bez krzyku, charkotem, po cichu;*
*Sobą jestem zmęczony,*
*człowiekiem, który się stał z mych pragnień,*
*z kaszlu, z ran, z miłości,*
*zmęczony cieniem, co mnie nosił pod słońce.*
*Jestem... zmęczony życiem co za mną*
*— więc zgaszę światło*
*i siebie zagaszę.*

# CZTEROLISTNE SŁOWA

czterolistne słowa na szczęście
na szczęście wyuzdane
dadzą popłoch na smutno
niedogasłym nadziejom

czterosłowne koniczyny
zaplątane w rozmowach
które nas zatrzymały
przed nadejściem pośpiechu

przekwitało nam życie
więdły słońca wśród burz
a my szarpiąc milczenie
jednaliśmy się w noc

czterolistne słowa na szczęście
jak grymas Cyganki z kart
co przeklęła nam przyszłość
asem pik i krzyżem kier

# MUZYKA

muzyka drżała we mnie odległa
niby echo zagubione na niebie
nad horyzontem powiewały drzewa
w sen i w nieprzemijanie
stałem zagubiony wśród chmur
patrząc bez nadziei w dal
za którą drżała moja ojczyzna

wiatr się spłoszył ze mnie
jak burza o świcie
ponuro zagajały grzmoty
odchodziłem z przestrachem
wypalając ranę na duszy
za niemoc wyciągnięcia pochodni

# ZANIKANIE

Ziemia w tobie zanika
jak niepotrzebna rozmowa
zrywa się z ciebie powierzchnia
błyska nadzieja i gaśnie
odchodzisz od swych zamyśleń

Szklą ci się przywidzenia
bielisz życie — nie zdążasz
za zegarem za śpiewem
zapominasz smak domu
a tam okna wciąż patrzą
oczekują powrotu
wychodzisz na zewnątrz świata
zapominasz się w ciemność
ziemia w tobie zanika
słowem zatrzymanym w biegu

Dołóż mi słów wybranych z wiatru
dopisz wiosnę biało-czerwoną
    Polsko
    krzyży nie zdejmie wróg
    tarczy nie roztrzaska czas
    i na niej lub z nią
        p o w r ó c ę!!!
Dośpiewaj drogę z kurzu z mgieł
serce rozpisz w dialog z bratem
modlitwą bądź w powszedni smutek
    Polsko
    szeptu nie zgasi krzyk
    dłoni nie stłumi pięść
    dla światła mam oczy
        p o w r a c a m
Dodaj mi słońca i burz
poręcz mnie bogom, poleć
niech staną obok mych cieni
    Polsko
    gdy krzyży nie zdejmą
    gdy nie zetrą krwi
    gdy drzwi nie wyważą
        w t e d y  p o w r ó c ę!...

# CZŁOWIEK CZŁOWIEKOWI

Człowiekiem mi byłeś wbrew przekonaniom
w szachy grywaliśmy jak w życie
w notesie notowałeś moje cytaty
śmiałeś się śmiechem jak wiosna
Człowiekiem mi byłeś najwierniejszym
gdy grypa mnie kładła w gorączce
czytałeś wiersze
i długo patrzyłeś w okno.

Za tobą stał cień w którym kryłeś twarz
gdy pytałam z czym uciekasz na zewnątrz
bladły ci oczy i zgrzytały ręce
mówiłeś: nie mam miejsca na życie;
przynosiłeś czasami chleb wystany w kolejce
to zamiast kwiatów — szeptałeś niezdarnie

jesienią puste zostawiłeś drzewa
nie wieszałeś palta na wieszaku
podłoga cichsza od stąpań lęku
pogasły widać świece
na spóźniony obiad

Trzynastego grudnia wyważyłeś drzwi
stając z trwożnym uśmiechem dygnitarza
z półek spadały książki rękopisy
jak moje serce w które wdarła się zdrada
krzyknąłeś ostro: brać!
szarpnął mnie milicjant — strąciłam wazonik
w którym dopalały się twoje zwiędłe róże
spadając ze schodów słyszałam twe słowa:
zachować do procesu...

Człowiekiem mi byłeś bliskim nie wilkiem
wciąż stoisz wpatrzony w życie za oknem
w pustym pokoju gdzie ci dudni sumienie
podnosisz kawałki rozbitego wazonu i dumasz
gdzie kupić bukiet róż co nie wiedną
jak przekląć czas wykonania rozkazu
piszesz mi w liście — to dla dobra sprawy
ja wiem — człowiekiem mi byłeś najlepszym
gdyby nie kraty — wyrok w trybie doraźnym
kupiłabym ci chleba wystanego w kolejce
by cię krztusił nocami

Człowiekiem mi byłeś, człowiekiem.